AF244703

COUP-D'ŒIL

D'UN FRANÇAIS

SUR

LE NOUVEAU ROYAUME D'ITALIE,

CONSIDÉRÉ EN LUI-MÊME

ET DANS SES RAPPORTS AVEC L'EUROPE.

Par M. Alphonse GARY,

Ancien Trésorier du Sénat, et ancien Officier de l'Etat-major-général des Armées françaises.

A PARIS,

Chez Rondonneau, Imprimeur ordinaire du Corps législatif, Hôtel de Boulogne, rue Saint-Honoré, n°. 75, près Saint-Roch.

GERMINAL AN XIII,

A SA MAJESTÉ

IMPÉRIALE ET ROYALE

L'EMPEREUR DES FRANÇAIS

ET ROI D'ITALIE.

SIRE,

J'AI l'honneur de présenter à VOTRE MAJESTÉ Impériale et Royale l'hommage d'un travail que m'a inspiré l'heureuse alliance des intérêts réciproques de la France, de l'Italie et de l'Europe, dans la fondation du nouveau Royaume dont le gouvernement vous est confié.

Les Français et les Italiens ont pensé que celui dont la tête auguste était déjà chargée de palmes immortelles, était aussi le seul digne de soutenir le poids de deux couronnes ; et lorsque VOTRE MAJESTÉ daigne lesaccepter, les avantages qu'y aperçoivent la politique et l'humanité, pour le bonheur du monde, ne peuvent que lui assurer la sanction de l'Europe.

Daignez, SIRE, recevoir l'expression du plus profond respect avec lequel j'ai l'honneur d'être,

SIRE,

De VOTRE MAJESTÉ Impériale et Royale,
Le très-humble et très-obéissant serviteur et sujet,

ALPHONSE GARY.

COUP-D'OEIL

D'UN FRANÇAIS

SUR LE

NOUVEAU ROYAUME D'ITALIE.

Depuis la chute de l'Empire d'Occident, l'Europe, tour-à-tour, et à divers intervalles, tranquille et guerrière, partagée en des Gouvernemens qui s'élèvent et s'abaissent, présente le spectacle d'une action et d'une réaction perpétuelles, et paraît obéir aux lois d'un mouvement universel qu'il n'appartiendrait qu'au souverain arbitre d'arrêter.

En considérant les événemens divers qui produisent des changemens dans l'histoire du monde, l'observateur dirige avec intérêt son attention sur ceux qui peuvent influer d'une manière plus directe sur le bonheur du genre humain.

Il était réservé au dix-neuvième siècle de faire servir les passions des hommes à leur prospérité, de les ramener par elles à ces principes de sagesse qui assurent la prospérité des Empires, et de les conduire, comme par la main et par leur propre expérience, à ces antiques institutions qu'ils abandonnent un jour, pour les regretter le lendemain et les faire sortir triomphantes du sein même de l'anarchie.

Les peuples d'Italie, après avoir payé leur tribut à tous les égaremens de l'esprit humain, éclairés, comme les Français, du flambeau de l'expérience des siècles, n'ont pu résister aussi au besoin profond de consolider un bonheur qu'il était impossible de trouver ou d'affermir au milieu de l'agitation et des troubles; et, à notre exemple, ils se réfugient sous les étendards d'une monarchie tutélaire qui peut seule leur offrir, avec les résultats les plus heureux, une barrière conservatrice contre l'entraînement des passions.

Que les Français, que les Italiens, que tous les peuples s'éclairent et s'instruisent de cette lutte qui s'était établie, depuis quelques, années entre le pouvoir suprême et celui de plusieurs. Ce grand procès, où l'on a vu s'élancer avec impétuosité toutes les fureurs humaines, s'est enfin heureusement terminé au profit de la saine raison ; et de ce cercle d'adversités a jailli du moins cette haute leçon pour les peuples comme pour les rois ; que si, d'une part, il est dangereux pour les premiers de secouer le joug d'une autorité protectrice et utile même dans ses écarts, de l'autre, il est de la plus grande importance pour les princes de gouverner les peuples avec sagesse et de ne leur fournir aucun prétexte de ressaisir un pouvoir qui leur est confié pour le bonheur de tous.

Il faut donc examiner quelles sont les causes qui ont amené le renouvellement du régime de l'Italie et les heureux effets qu'il doit produire. Les peuples de ces contrées avaient besoin plus que tout autre de se donner une Constitution fixe et permanente qu'ils sollicitaient en vain depuis des siècles. Ce besoin les a conduits, comme leurs premiers ancêtres, à former une monarchie qui pût leur garantir une forte consistance au dedans et au dehors ; et, pour résoudre ce problème politique, dans le double intérêt de leur bonheur et de leur conservation, ils ont réclamé et obtenu la puissante intervention du grand prince qui ordonne des destinées de la France, et qui a bien voulu, en acceptant leur couronne, accepter aussi la glorieuse tâche de leur donner des lois. Il en résulte le précieux avantage d'avoir fondé une institution également utile pour eux et pour l'Europe. C'est sous ces deux points de vue que je vais juger cet événement ; heureux si je puis porter dans tous les esprits la conviction qui m'anime et me soutient dans cet examen !

PREMIÈRE SECTION.

Pour bien apprécier les avantages que donne à l'Italie cette mémorable révolution qui change son existence, il faut les rapprocher des graves inconvéniens de son ancienne situation, et faire le parallèle de ce qu'elle fut et de ce qu'elle est aujourd'hui. Il faut remonter jusqu'à l'origine de ces peuples, développer les maux qui pesaient sur leurs aïeux, et les remèdes qui doivent les constituer désormais dans un état de force et de santé.

De tous les peuples d'Occident qui furent abandonnés à l'anarchie par la fameuse émigration de ce prince qui fut également grand dans ses crimes comme dans ses vertus, et qui, des bords du Tibre, transporta le trône de Rome sur le Bosphore de Thrace, ceux d'Italie furent certainement ceux qui eurent le plus à souffrir de ce changement. Alors on vit éclorre cette révolution qui changea la face de l'ancienne Europe, qui laissa l'Italie sans défense, et lui fit perdre tout ce que gagnait cette grande ville de Constantin qui s'élevait sur ses débris.

Tous les barbares du Nord vinrent fondre successivement sur cette terre abandonnée. Un seul peuple, fameux par son courage et ses belles institutions, celui de Lombardie, restait debout, mais il était faible; mais son territoire était ouvert de toutes parts : mais comme toutes les ambitions se dirigeaient sur l'Empire, il dut être envahi et subjugué, et il perdit en effet jusqu'au nom qui l'avait illustré.

Ce n'est qu'en avançant jusqu'aux premiers siècles de l'ère chrétienne, qu'on peut saisir la trace de ce royaume des Lombards, qui tomba comme tant d'autres États dans le cercle des révolutions du globe.

Charlemagne en fit la conquête, et, bientôt arrivé dans Rome, fut proclamé et couronné empereur d'Occident par les suffrages des peuples qui, alors comme aujourd'hui, étaient les premiers des droits. Avec lui finit l'ancienne Gaule Cisalpine, et la dynastie des anciens Lombards qui avaient eux-mêmes contribué à détruire la puissance romaine en Italie, et dont les lois avaient remplacé celles des Empereurs.

Charlemagne, maître de la France et de l'Allemagne, fut invité par les Lombards à prendre le sceptre de leurs États. Ce fut alors qu'il devint l'arbitre de l'Europe, et que, par sa valeur, sa politique et ses vertus, il s'éleva à la dignité de Constantin, accompagné de toutes les acclamations et de tous les transports publics d'alégresse.

Ce fut alors aussi que l'Europe et l'Italie se fussent épargné bien des révolutions et des fortunes, si ce grand homme eût fixé dans Rome le séjour de son empire, et sur tout s'il n'eût pas suivi l'exemple si impolitique que lui avaient donné ses prédécesseurs, de diviser entre ses enfans ce vaste corps de ses conquêtes, dont le partage devait nécessairement faire prendre les armes à ses héritiers et à ses successeurs.

Aussi à peine fut-il descendu dans la tombe, qu'une guerre civile vint désoler sa famille et préparer la ruine de l'empire qu'il avait fondé. A ces guerres intestines vinrent se mêler celles étrangères qui suivirent ce règne glorieux, et amenèrent le démembrement de ses États. Le sceptre de l'Allemagne, de la France et de l'Italie fut morcelé; et cet empire romain, qui avait été relevé par le courage et le génie, rentra dans le néant pour ne plus en sortir.

Othon-le-Grand parut; il marcha sur les traces de Charlemagne, et suivit la même carrière. Il fut aussi appelé par les Lombards à la couronne de leur pays; mais après lui, aucun des peuples de l'Italie qui s'étaient donnés, par acclamation, à Charlemagne et à Othon, ne voulut plus reconnaître les successeurs que les droits du sang ou ceux de l'usurpation cherchaient a établir dans leur sein.

Plusieurs générations s'écoulèrent ainsi dans la plus profonde anarchie. Ce fut au 14e siècle que vinrent s'appesantir sur ces peuples les plus fortes chaînes que la division puisse établir parmi les hommes. Les factions Guelfes et Gibelines, produit des querelles du sacerdoce et de l'empire, se formèrent comme un incendie dévorant qui tantôt disparaissait et tantôt se reproduisait avec plus d'énergie et de fureur. La discorde secoua partout ses torches homicides. L'Allemagne et la France, intéressées à ces factions, les alimentaient et les encourageaient; et alors le premier conquérant qui se fût fait des prétentions en Italie, en eût fait la vassale de son empire.

Bientôt sur les cendres fumantes de l'anarchie, les Viscomti établirent leur pouvoir. Le Milanais et les pays adjacens tombèrent dans leur domaine, qu'ils cédèrent à leur tour aux Sforzes ; mais leur règne fondé par les factions n'eut qu'une faible durée, et il a disparu depuis sans retour.

C'est alors que, sous les Gonzagues, on vit naître le gouvernement et le duché de Mantoue. Mais les ducs et leur régime ne tardèrent pas à s'éclipser dans la nuit des temps.

La France, à son tour, à la fin du quinzième siècle et sous le règne de Charles VIII, vint faire valoir ses droits sur quelques territoires de l'Italie, et notamment sur Naples. Ce monarque fut vainqueur, et se fit proclamer Empereur d'Orient. Mais il perdit sa conquête aussi promptement qu'il l'avait faite, et se trouva trop heureux de revenir en France avec son armée après une bataille qu'il gagna sur ce grand capitaine Gonzalve-de-Cordoue qui le chassait honteusement de ces contrées.

La même entreprise fut méditée et exécutée

par Louis XII, qui avait non seulement à soutenir les droits de Charles VIII sur Naples, mais aussi ses prétentions sur le Milanais qu'il revendiquait et que lui donnait son mariage avec une princesse de Milan. Le succès couronna ses armes sur Naples, sur le Milanais et la république de Gênes. Bientôt il cessa de lui être fidèle ; et les Français, deux fois victorieux, furent aussi deux fois chassés de l'Italie : tous les brillans faits d'armes des Bayard et des Gaston-de-Foix ne purent sauver ces conquêtes.

Charles-Quint et François Ier. se présentent alors sur le théâtre du monde, et viennent aussi se disputer l'empire de l'Italie. C'est ici le temps des héros, celui des don Juan d'Autriche, des Alexandre Farnèse, des princes d'Orange, dont le nom sera toujours cher aux favoris de la gloire militaire. Mais cette célèbre bataille de Marignan, qui avait donné à François Ier. la possession du Milanais, ne lui fit pas le don de s'y maintenir ; et, comme Charles VIII et Louis XII, il fut forcé d'abandonner sa conquête. Les Français y rentrèrent encore , mais c'était pour éprouver les mêmes vicissitudes ; et cette situation des affaires a duré jusqu'au dix-huitième siècle où les Français s'emparèrent aussi deux fois de l'Italie sans pouvoir la conserver.

Ce n'est enfin que dans les dernières années de ce même siècle , que la guerre de la révolution française est venue pour toujours fixer ses destinées sous la conduite du grand général , dont le nom désormais supérieur à tous les éloges est inscrit honorablement dans le temple de l'immortalité : et c'est de cette époque que, pour la première fois, on ne dira plus que les Français commencent fort bien et finissent fort mal la guerre d'Italie.

Si l'on considère attentivement ce tableau politique des révolutions de ces contrées, il n'est personne qui n'aperçoive d'abord que la source de leurs malheurs et de leurs désastres provient du défaut de constitution de ces peuples, et que ce défaut provient lui-même des intérêts opposés du dedans et du dehors. Il s'ensuit encore qu'ayant toujours perdu l'occasion, ou n'ayant jamais eu le courage de se constituer en état d'indépendance et de liberté, ils se sont trouvés juiqu'ici partagés en plusieurs états affoiblis, subjugués et ensanglantés ou par des factions ou par des puissances étrangères, et toujours soumis également aux jeux de la fortune. Presque tous ces États ont ainsi flotté dans l'incertitude; et, soit dans l'état d'anarchie, soit sous la verge d'un conquérant, ils n'ont jamais su et pu être libres, ni même décider à quel maître ils devaient appartenir.

Ce problème, que le courage et une ferme volonté auraient déjà dû résoudre depuis long-temps, semble être arrivé jusqu'à nous pour recevoir sa solution; et sans faire le procès à ces peuples, ni me prévaloir des circonstances favorables où ils se sont déjà trouvés pour se former en corps d'État, il faut les féliciter aujourd'hui d'avoir saisi le moment le plus opportun pour réparer les fautes des siècles passés.

Comme Charlemagne, comme Othon-le-Grand, l'Empereur Napoléon est invité par l'Italie à accepter sa couronne, à lui donner une consistance politique, et à la faire figurer avec avantage dans la balance de l'Europe. Cette invitation honore également et celle qui la fait et celui qui la reçoit. A quel autre que l'Empereur des Français, l'Italie toute illustrée encore de ses bienfaits aurait pu confier le soin de faire cesser son anarchie, de donner à cette contrée les élémens de son bonheur et de sa durée, et de restaurer cette précieuse portion du trône des Césars ?

Ce pays était encore effectivement aujourd'hui ce qu'il était aux IXe. et X^e. siècles. Son sort n'avait jamais été fixé que précairement. Les comices de Lyon eux-mêmes n'avaient pu y former qu'une situation transitoire. Les circonstances où se trouvait alors l'Europe, ne permettaient pas à la prudence de faire davantage. La période où nous nous trouvons a paru rendre tout facile pour son émancipation, pour lui donner un régime fort intérieurement et extérieurement, et pour en fermer à jamais l'entrée à toute espèce de factions. Les Italiens ont enfin senti que leur patrie, qui depuis si long-temps était l'objet de toutes les ambitions et le champ de bataille de toutes les puissances, devait mettre à profit les conjonctures et prendre le rang et l'attitude qui lui convienent. Ils ont pensé que, dégagée de cet état de choses, qui, en les faisant changer de partis, ne les faisait jamais changer de maîtres, et de malheurs, sous les divers régimes de république ou de duché, elle devait naturaliser son indépendance, et s'affranchir de toute tyrannie ou de toute entreprise étrangère.

Si donc il est vrai que les révolutions et les vicissitudes déplorables qui ont accompagné le sort de l'Italie doivent avoir un terme; si, depuis plus de douze cents ans, les divisions intérieures et les jalousies des peuples ses voisins ont produit l'obligation de donner une forme invariable de gouvernement à cette partie de l'Europe, et d'y fonder des institutions salutaires, ces peuples ont évidemment manifesté une volonté conforme à leurs intérêts, en faisant succéder l'ouvrage de la raison à celui de leurs passions, et le régime de la monarchie à celui de la république ; ils ont fait un établissement utile et avantageux, ils ont jeté l'ancre dans le port du salut, en constituant pour l'avenir un état iné-branlable de prospérité.

Ainsi ces peuples ont pris le seul moyen de ne plus appréhender l'ambition des peuples leurs voisins, ni même celle de la France, qui aussi avait été fixée sur l'Italie du temps de nos anciens rois. L'état d'indépendance où elle se place, prouvera en outre à tous les âges la modération de la nouvelle monarchie française, qui, aussi, eût pu la constituer en état de conquête, et qui lui rend généreusement ses droits. Le burin sévère de l'histoire attestera à la postérité que, si la guerre, jusqu'à nos jours, avait été entreprise pour l'acquisition de quelques provinces, son objet comme sa fin ont été aujourd'hui dirigés vers le bien de l'humanité, et pour rendre les peuples conquis maîtres de leur propre sort.

En examinant les principales dispositions de la loi fondamentale qui constitue le royaume d'Italie, il est facile de se convaincre que tout a été prévu et combiné avec sagesse, et que le statut constitutionnel a franchi l'intervalle qui séparait l'Italie de la fin qu'elle avait à se proposer. Ce n'est que momentanément que la couronne héréditaire est réunie à celle de la France, et privativement sur la tête de NAPOLÉON. Elle doit passer dans des temps prescrits sur celle d'un Roi qui soit libre et dégagé de tout ascendant; il doit résider dans ses états; nul autre qu'un Italien ne peut exercer des charges ou des emplois nationaux. Telles sont les précautions du constituant; il fonde tout-à-la-fois le présent et l'avenir, et ne laisse rien à l'arbitraire.

C'est actuellement à la prudence à consommer l'ouvrage de la fortune; et c'est le grand Roi qui veut bien se charger de cette honorable mission. S'il faut juger des institutions qu'il donnera à ce pays, par celles qu'il a fondées dans son Empire, quel magnifique présage pour ces peuples! quelle source féconde de prospérités! Croyez, Italiens, qu'il ne trompera ni votre attente ni vos espérances.

espérances. Il n'entreprendrait pas ce grand ouvrage , s'il devait le commencer pour ne pas
l'achever.

Il sait très-bien qu'il ne faut ni demi-mesures
ni demi-moyens dans la fondation des empires.
Il réglera les affaires du dehors, en même temps
qu'il fixera au-dedans les devoirs réciproques du
prince et des sujets, et ceux des citoyens entre
eux. Il formera cette chaîne politique qui fait
un seul corps de tous les membres de la société.
Il montrera à l'Europe que les seules conquêtes
qu'il veut faire sur ses voisins, sont celles qui
tendent à introduire dans ses états des établisse-
mens plus utiles et plus avantageux à l'agricul-
ture , à l'industrie et au commerce. C'est ainsi
qu'en se plaçant au-dessus des circonstances et
de tous les événemens mobiles ou passagers, il
élevera son nouveau royaume au niveau des autres
puissances, et que des vieilles ruines de l'anarchie il fera ressortir une monarchie brillante et
respectable.

Si , en effet , cette Italie n'était pas constituée

2

avec force , si la faiblesse ou l'imprévoyance venaient à s'introduire dans ses institutions, des événemens inattendus viendraient bientôt ruiner ces belles espérances. Bientôt des voisins jaloux concevraient l'espoir de diviser et de perdre ces contrées par les mêmes moyens qui malheureusement n'ont eu que trop leur effet dans les siècles précédens ; bientôt des germes de guerre iraient prendre leur source ou dans l'impulsion étrangère ou dans les divisions intestines. Ce serait alors laisser une porte ouverte à tous les genres de discorde; ce serait encore compromettre, dans son berceau l'existence politique de ces nouveaux États, et peut-être perdre pour toujours la faveur des conjonctures actuelles.

Les Italiens ont conséquemment tout préparé pour assurer leur indépendance et leur prospérité future en se donnant une monarchie héréditaire, et un monarque qui leur offre tant de sortes de garanties. Sous ses auspices, tous les germes d'une brillante fortune vont se rouvrir pour eux. Leur royaume fondé par le courage , soutenu par la vigueur de ses institutions et par de bonnes lois politiques, heureux dans ses foyers, considéré dans l'étranger, les dégagera pour toujours des langes de la servitude et les affranchira des horreurs de l'anarchie.

Mais s'il importe pour l'Italie, s'il est utile à ses intérêts comme à sa gloire d'asseoir un régime permanent et honorable, il faut aussi que l'Europe trouve ses avantages dans ce nouvel ordre de choses, et qu'il soit entrepris et conduit relativement à son intérêt fondamental. C'est le second point - de - vue sous lequel il faut envisager la question.

DEUXIÈME SECTION.

Les révolutions de la Suisse, de la Hollande et des États-Unis de l'Amérique, ont averti tous les Gouvernemens que non seulement il est dangereux de torturer la conscience ou la fortune des peuples, mais aussi de posséder des États trop étendus.

Il semble par ces leçons que la nature ait indiqué le terme de toutes les ambitions, et qu'il en est des empires trop surchargés de puissance comme de ces arbres antiques dont les rameaux trop épars facilitent à la tempête les moyens de les plier ou de les rompre. L'Europe moderne présente un grand exemple du danger et du néant de cette exubérance politique, dans l'histoire d'un peuple voisin qui, dans le seizième siècle, se montra comme un météore brillant, mais dont la gloire pâlit après la mort de Charles-Quint, et sur-tout de ce Philippe II qui menaça le monde de son système d'usurpation universelle. Ainsi les sages conseils de la politique viennent comprimer eux-mêmes les conseils perfides de l'ambition.

La France qui, dans les conjonctures favorables où elle se trouve, n'eût manqué ni de prétextes pour en abuser, ni de raisons plausibles pour conserver ses prétentions sur l'Italie, déserte cependant sa conquête, lui cède ses droits natu-rels, et la laisse maîtresse de prendre la forme de gouvernement qui convient à ses intérêts. L'un des premiers actes d'indépendance que font ces peuples , c'est de décerner la couronne de leur pays à leur libérateur, mais provisoirement et pour qu'il la remette à son tour, comme chargé d'un fidéi-commis royal , à des successeurs affranchis de toute influence française.

Mais si, par cette mesure politique , et par cet affranchissement que proclame dans son sein l'Italie , ce pays devient , par le fait , libre et indépendant , cet ordre de choses se place naturellement en harmonie avec le système général qui ne permet plus de voir que d'un œil jaloux tout agrandissement de puissance. Ainsi , d'un côté , l'Europe aperçoit un établissement utile et conservateur de l'équilibre , et, de l'autre , elle y voit ouvertement la magnanime politique du conquérant de ces contrées.

. Ce n'était, en effet, ni une couronne ni une investiture de plus qui dussent ajouter à son illustre renommée. N'a-t-il pas autour de lui tout ce qui peut flatter et remplir l'honorable ambition d'un grand cœur? A la tête des affaires de France, où tous les vœux l'ont appelé , environné de nations qui s'honorent d'être ses alliées, comman- dant la plus belle armée de l'univers, respecté et considéré de tous, l'éclat d'une nouvelle cou- ronne ne lui était pas nécessaire. C'est consé- quemment bien moins dans son intérêt, que dans celui de l'Italie, qu'il a dû l'accepter et se dé- vouer généreusement aux nouvelles obligations que lui impose cette seconde patrie.

Certes, c'est un hommage rendu à l'Europe presque toute monarchique, que cette forme de Gouvernement rétablie parmi les Italiens. Rien ne pouvait mieux lui garantir l'heureuse harmonie à laquelle la France et l'Italie desirent puissam- ment de contribuer, que l'adoption d'un même système qui semble plus que tout autre assurer le repos et le bonheur communs.

Quelles que soient effectivement les contro- verses des publicistes, en les supposant de bonne foi et dépouillés de toutes vues particulières , pour eux comme pour moi, la monarchie héréditaire est le seul système qui puisse promettre et tenir des résultats avantageux pour la société ; et si nous examinions ici les archives des gouvernemens des peuples, nous trouverions incontestablement que les monarchies bien constituées sont bien autrement solidaires du repos et de la tranquillité générale, que ces républiques dont les élémens ont été presque partout composés de passions inquiètes, tracassières et ambitieuses.

Ce n'est aussi sans doute qu'avec le plus vif intérêt que l'Europe verra disparaître ces principes destructeurs de tout ordre social, qui ont menacé d'abord la France de sa chute ; qui de France étaient passés en Italie ; qui, de proche en proche, menaçaient d'électriser tous les peuples et de les faire retomber dans des siècles de barbarie. Mais s'il est éminemment vrai que la modération, la sagesse et l'équité forment le caractère distinctif de l'Empereur des Français, l'Europe ne lui devra-t-elle pas de la reconnaissance pour les institutions qu'il a promises à l'Italie, et qui, en détrônant l'anarchie, doivent aussi affermir par un heureux contre-coup toutes les constitutions et tous les gouvernemens.

J'ai parlé de reconnaissance ; et en effet si , à la place de Napoléon , et dans ce désordre général qui , comme un torrent , a ébranlé l'Europe pendant plusieurs années , la providence eût appelé à la tête des armées victorieuses de la France l'un de ces anciens conquérans de l'Asie qui poursuivaient leurs succès sans frein comme sans mesure ; si , nouvel Alexandre , nouveau Tamerlan ou Mahomet , il n'eût voulu donner d'autres bornes à son ambition que les frontières même de l'Europe , quels immenses désastres ! quelles plaies sanglantes pour l'humanité ! où en seraient aujourd'hui les peuples au milieu de cette confusion générale ? Quels résultats effrayans pour l'imagination , surtout quand on songe qu'à de vastes moyens se joignaient de grands talens pour les employer.

Au lieu de cette ambition dévastatrice , qu'on envisage celle bien plus glorieuse du vainqueur de l'Italie et de l'Egypte. De toutes ses conquêtes , la plus brillante aux yeux de la postérité sera sans doute celle qu'il a faite sur lui-même au milieu de l'enivrement des succès, et dans un âge où la modération est une vertu si difficile, d'autant que la gloire des armes est séduisante. Voyez tout ce qu'il a fait, et, nouveau Prométhée, comme il a vivifié toutes les branches de la prospérité publique. S'est-il, à l'exemple de quelques monarques qui ont tourmenté la terre de leur présence, s'est-il endormi dans les délices de la volupté et de l'oisiveté ? Les plaisirs sont-ils devenus le terme de sa politique et de ses victoires ? La grandeur et la gloire de la France signalent au monde ses nobles travaux. Il peut présenter avec confiance sa situation à ses amis et à ses ennemis. Tous y verront comme le héros , le bienfaiteur de son pays, utilise les bienfaits de la paix qu'il a donnée au continent.

Il est donc également avantageux à l'Europe de voir une monarchie se former en Italie, et cette nouvelle couronne se placer sur la tête

auguste de celui qui peut seul l'affermir et assurer
le bienfait commun de l'institution.

En voyant cet événement, les puissances étrangères qui tiennent toujours, et à juste titre, aux
principes de cet ancien équilibre que les traités
de Westphalie introduisirent plus que tout autre
en Europe, mais dont la balance et les résultats
ont été dénaturés depuis plus d'un siècle par
l'impulsion irrésistible des événemens, n'auront
plus à redouter que l'Italie soit incorporée à la
France. Ainsi doivent s'évanouir les craintes
fausses ou sincères que, depuis quelques années,
on avait conçues de cette grande incamération
qui pouvait devenir encore le germe d'une guerre
de longue durée.

Mais, dira-t-on, aujourd'hui que tout le
monde se connaît, se surveille, s'épie et s'inté-
resse aux événemens qui se passent en Europe,
on considère bien plus ce que l'on peut, que ce
que l'on annonce vouloir. Pour écarter ces vaines
appréhensions sur le sort futur de ces contrées,
qu'on daigne apprécier tout ce qui a été fait

pour assurer leur liberté , et éloigner, par la suite, toute influence. Certainement si la franchise et la loyauté ne sont pas un vain nom, il n'y a jamais eu de protestations plus rassurantes que celles qui ont été données en acceptant la couronne d'Italie.

. Ce n'est donc pas de bonne foi qu'on pourrait craindre que l'Italie fût asservie. Est-ce ici un despotisme asiatique ou usurpateur qu'il s'agit de fonder ? Non, sans doute ; c'est une autorité tutélaire, paternelle , conservatrice ; et d'ailleurs , là comme partout, les lois , les mœurs et les usages seront toujours une barrière invincible contre l'introduction et les usurpations du pouvoir arbitraire.

A toutes ces considérations , il faut ajouter qu'il importe au repos de l'Europe que le nouveau royaume d'Italie soit tellement constitué, qu'il ne puisse ni exciter la jalousie de ses voisins par sa puissance, ni inspirer du mépris par sa faiblesse ; aussi paraîtra-t-il nécessaire à son monarque constituant de tracer cette moyenne proportionnelle, et d'établir un juste contrepoids qui présentera ce royaume sous un aspect ni trop faible ni trop puissant.

Enfin l'Europe apercevra dans cette fondation un acheminement plus direct à cette paix si desirée. L'Italie, par son indépendance actuelle, ne laisse plus aucun prétexte au reproche d'agrandissement de la France. Son désintéressement et sa modération se présentent dans leur plus grand jour; elle purge à jamais tout soupçon d'envahissement ou d'ambition; elle détruit toute équivoque dans sa conduite politique; et toutes ces inculpations beaucoup plus répétées que réfléchies, deviennent aujourd'hui sans fondement. Ainsi le bienfait de l'affranchissement de l'Italie, qui sera toujours le plus beau fleuron de la gloire de la France, peut aussi devenir le gage d'une pacification durable que réclament à l'envi tous les vœux et tous les intérêts.

Ah! si, m'abandonnant un instant au zèle, peutêtre inconsidéré, d'un missionnaire de paix, je me laisse séduire par les aimables illusions de philantropie , ne me serait-il pas permis de tirer de cet événement mémorable l'heureux présage , qu'il facilite l'exécution du beau, du grand , de l'utile. projet du meilleur de nos anciens monarques, et de ce ministre vertueux , dont le nom est parvenu d'âge en âge jusqu'à nous, escorté et suivi des bénédictions publiques. Jamais peut-être l'Europe ne s'est trouvée dans des circonstances plus opportunes pour fixer ce projet , dont l'accomplissement serait, sans doute, l'époque la plus brillante de l'histoire de l'homme.

Aujourd'hui que le flambeau de la saine philosophie , en éclairant tous les esprits, a fait disparaître le germe de toutes les querelles de religion , et que cette vieille lutte de l'empire avec le sacerdoce est arrivée à son terme ; aujourd'hui que le règne de la controverse n'est plus, et que celui des sentimens généreux et des idées libérales est dans toute sa force ; aujourd'hui que la face des affaires a totalement changé, et que les progrès de l'esprit humain ont rendu tout facile et moins compliqué ; il semblerait que les temps sont venus de constituer sur des bases pacifiques cette immense et tumultueuse république européenne, qui ne vit et n'existe que par l'appui des traités passagers ou éventuels, et presque toujours écrits avec des mains teintes du sang humain. Qu'importe, en effet, d'avoir établi un droit des gens, un droit public, un droit positif chez les Nations, si la grande charte de l'humanité, si la constitution qui doit être comme la clef de la voûte de ce grand corps est encore à faire? Puissent tous les Gouvernemens, tous les Peuples ne sentir d'autre besoin, n'écouter d'autre intérêt que celui d'une concorde éternelle dans les deux hémisphères! C'est au Prince illustre qui gouverne la France, et dont l'ascendant est d'un si grand poids dans les affaires politiques, de préparer, de mûrir les élémens d'une si généreuse révolution, et d'associer à cette noble entreprise les Souverains augustes qui partagent avec lui le sceptre de l'Europe.

Si donc l'on considère les rapports de l'Italie avec les autres Puissances et les rapports de celles-ci avec l'Italie, il paraît démontré que le nouvel établissement est utile pour tous, et présente une communauté d'intérêts; qu'il porte toute son influence sur le bonheur des peuples; qu'il **est** nécessaire à leur prospérité commune; que l'Italie y gagne pour toujours son indépendance, et l'Europe une garantie pour sa sureté et sa tranquillité.

Que les peuples de l'Italie reçoivent ici les remercîmens de l'association générale, pour avoir conçu et exécuté le projet d'un établissement monarchique dans leur pays; qu'ils reçoivent surtout les félicitations publiques pour le choix qu'ils ont fait de leur monarque. C'était à la patrie de Charlemagne et de César à devenir tour-à-tour celle de Napoléon. Il était également juste et politique que celui, qui, deux fois, brisa leurs fers, fût aussi le premier à ceindre sa tête de leur diadème. Quel autre, en effet, que le grand régulateur des destinées de la France, pourrait leur présenter plus de confiance, soit dans le berceau, soit dans l'âge viril de leur monarchie ?

Si , comme tous les amis de la félicité des peuples ne peuvent en douter , ce grand Prince fait passer à ses successeurs l'esprit qui l'anime ; s'ils sont dignes de lui, de la France et de l'Europe, que de flatteuses espérances pour les générations présentes ! Que d'augures favorables pour les générations à venir ! et c'est ainsi que les monarchies destinées désormais à améliorer le sort de l'espèce humaine, recevront le juste tribut de l'amour et de la reconnaissance des nations.

F I N.

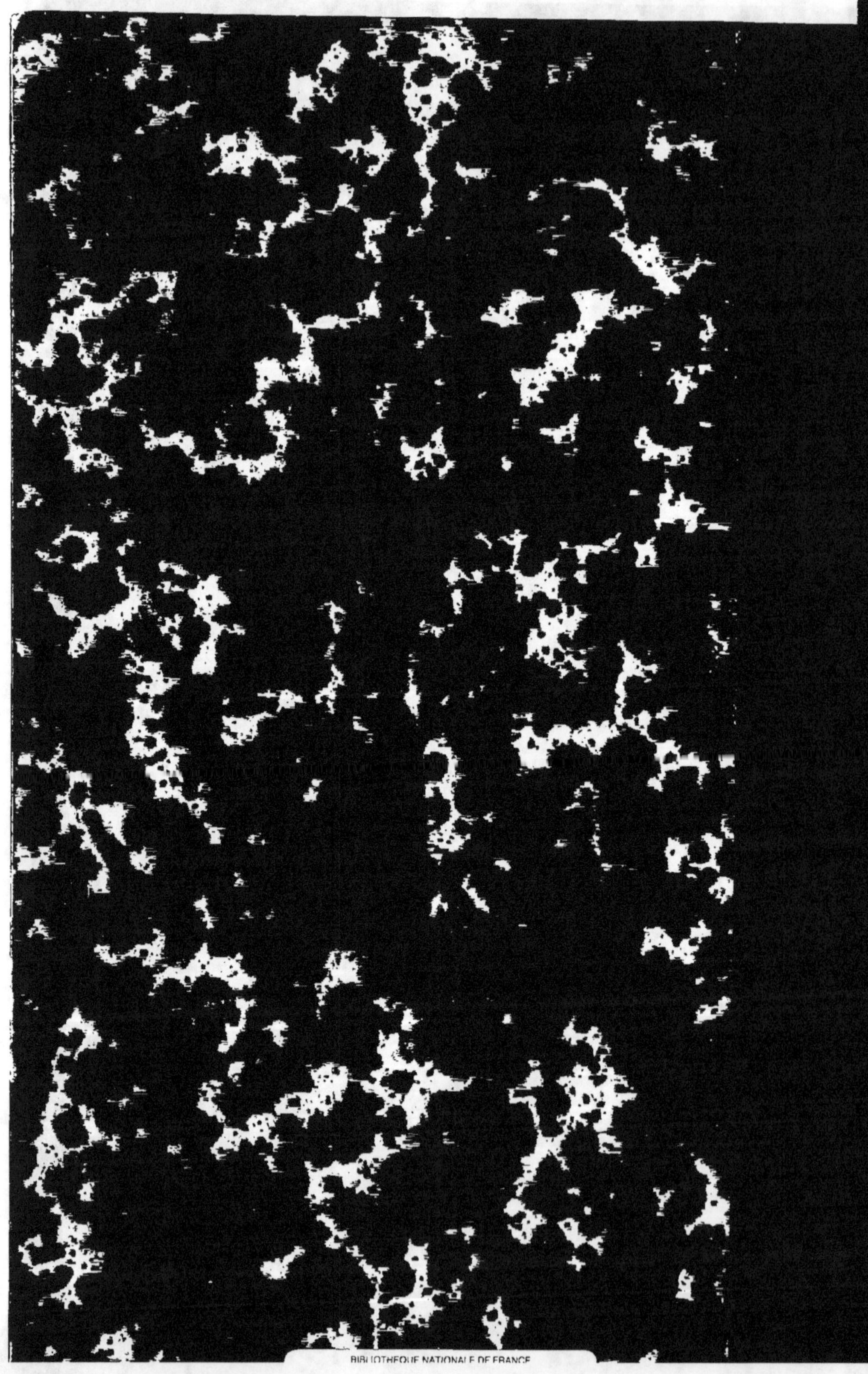